Britisch Kurzhaar Katzenerziehung

Wie Sie Ihre BKH Katze optimal erziehen, ernähren und pflegen – inkl. Rasseportrait und Praxistipps

Annika Weidensee

INHALT

Das erwartet Sie in diesem Buch

S ie haben sich dazu entschieden, eine Britisch Kurzhaar Katze in Ihre Familie aufzunehmen? Herzlichen Glückwunsch! Vermutlich können Sie es kaum erwarten, Ihr neues Familienmitglied nach Hause zu holen. Damit Sie perfekt vorbereitet in diese Erfahrung starten können, liefert dieses Buch alle Informationen über die benötigte Erstausstattung, über die richtige Gestaltung der ersten gemeinsamen Tage und hilfreiche Tipps, wie Sie Ihrem Haustier die Eingewöhnung erleichtern können. Der Einzug eines

Haustieres bringt, neben Freude, bekanntlich auch viel Verantwortung mit sich. Es muss sich um die richtige Ernährung gekümmert werden. Die Katze möchte artgerecht gepflegt und beschäftigt werden. Für ein friedliches Miteinander spielt auch die Erziehung eine große Rolle.

Um den perfekten Start in die gemeinsame Zeit zu erleichtern, bietet Ihnen dieses Buch alle wichtigen Informationen rund um Anschaffung und Haltung der Britisch Kurzhaar Katze.

Bei Ihnen wohnt bereits ein Vertreter dieser beliebten britischen Katzenrasse? Sie haben noch offene Fragen zu Ernährung und Pflege? Oft treten gewisse Fragen erst nach einer gewissen Zeit des Zusammenlebens auf. Hat Ihre Katze unerwünschte Verhaltensweisen entwickelt und Sie wissen nicht, wie Sie diese in den Griff bekommen können? Auch in diesem Fall haben Sie mit dem Kauf dieses Buches alles richtig gemacht.

Neben zahlreichen Informationen zur richtigen Ernährung und Pflege, der artgerechten Beschäftigung und Erziehung, enthält das Buch praxisorientierte Tipps, für den Umgang mit etwaigen Unarten Ihrer Katze.

Egal, ob erfahrener Katzenbesitzer oder Anfänger, ob Sie bereits eine Britisch Kurzhaar Katze besitzen oder sich grade erst für den Kauf einer solchen entschlossen haben, bietet Ihnen dieses Buch, in anschaulicher Weise, alles Wissenswerte über ein zufriedenes Miteinander für Mensch und Katze.

Rasseportrait

Bei der Britisch Kurzhaar Katze handelt es sich um eine, seit 1871, nach den heutigen Rassestandards, gezüchtete Katzenrasse aus Großbritannien. Aufgrund der Weltkriege war der Bestand der Britisch Kurzhaar Katze, abgekürzt BKH, zwischenzeitlich stark zurückgegangen. Um die Rasse dennoch erhalten zu können, kreuzte man sowohl langhaarige Perser als auch Kartäuser ein. Ab 1977 trennte man die BKH wieder klar ab, worauf 1980 die erste offizielle Anerkennung der Rasse durch Zuchtverbände erfolgte. Noch heute handelt es sich bei der Britisch Kurzhaar Katze um die beliebteste Rasse in

Großbritannien. Und auch in deutschen Haushalten zählt sie zu den Top 10 der meistangeschafften Katze.

AUSSEHEN UND KÖRPERLICHE EIGENSCHAFTEN

Mit dem runden Gesicht, den großen, runden Augen und dem kurzen, dichten Fell, erinnert das Aussehen der Britisch Kurzhaar Katze an einen Teddybären. Die mittelgroße bis große Katze besitzt einen gedrungenen, muskulösen Körper, was ihr in Kombination mit dem plüschigen Fell ein leicht dickliches Aussehen verleiht. Ihre kurzen, breit angesetzten Ohren und der runde Kopf verstärken diesen Effekt noch. Ausgewachsen ist die BKH wie die meisten großen Katzen im Durchschnitt erst mit drei Jahren. Katzen erreichen dabei ein Gewicht von bis zu 6 kg. Kater können sogar bis zu 8 kg schwer werden.

Die Lebenserwartung der robusten Katzenrasse liegt bei ca. 18 Jahren. Von den Zuchtverbänden anerkannt, existieren mittlerweile dreihundert unterschiedliche Farbnuancen, inklusive Musterungen. Die Augenfarbe bewegt sich im Bereich dunkelorange bis kupferfarben, wobei je nach Fellfarbe auch blaue Augen in der Zucht akzeptiert werden. Von einfarbig weiß mit blauen Augen bis hin zu dreifarbig mit Fellmuster und kupferfarbenen Augen ist alles erlaubt. Am bekanntesten dürfte die Britisch Kurzhaar Katze wohl, auch dank einigen Werbespots im Fernsehen, in der blau-grauen Fellfarbe sein.

CHARAKTER

Die Britisch Kurzhaar Katze gilt als ruhig, ausgeglichen und leise. Sie ist eher zurückhaltend gegenüber Fremden, aber verschmust und anhänglich gegenüber ihrer Familie. Anders als die meisten Katzen ist die BKH dafür bekannt, sich mehr als nur eine Bezugsperson zu suchen, was sie zu einer perfekten Familienkatze macht. Die typische Britisch Kurzhaar Katze ist sehr sozial und freut sich über Beschäftigung mit ihren Menschen oder Katzenmitbewohnern. Aber auch ohne aktive Bespaßung durch den Menschen schafft die Katze es, sich zu beschäftigen.

Typischerweise hat sie keinen großen Bewegungsdrang, weswegen auch die Haltung als reine Wohnungskatze kein Problem darstellt. In diesem Fall sollte jedoch immer auf ausreichend Bewegung geachtet werden, da es aufgrund des gemütlichen Charakters und des wenig ausgeprägten Bewegungsdrangs schnell zu Übergewicht kommen kann.

Aufgrund ihrer Tollpatschigkeit und Ungeschicklichkeit werden Britisch Kurzhaar Katzen oft für dumm gehalten. Das Gegenteil ist jedoch der Fall. Bei BKH handelt es sich um eine äußerst schlaue und gelehrige Katzenrasse, was sie leicht zu erziehen und zu einer idealen Anfängerkatze macht.

Die Britisch Kurzhaar Katze zieht ein

DIE AUSWAHL DER RICHTIGEN KATZE

Sie haben sich dazu entschieden, eine Britisch Kurzhaar Katze aufzunehmen. Innerhalb der, für ihre typischerweise eher ruhigen und verschmusten Vertreter, beliebten Rasse, gibt es wie bei uns Menschen unterschiedliche Charaktere.

Doch, bevor Sie sich Gedanken über die richtigen Charaktereigenschaften machen, sollte die Frage nach Alter und Geschlecht geklärt sein. Haben Sie ausreichend Zeit und Geduld, um sich um ein junges Kätzchen zu kümmern oder sind Sie eher auf der Suche nach einem erfahrenen Vierbeiner, der sich nicht mehr so schnell aus der Ruhe bringen lässt?

Unterschiede zwischen Kater und Katze bestehen hauptsächlich im Fall von unkastrierten Tieren. Unkastrierte Kater sind eher rauffreudig und draufgängerisch. Bei ihnen kann ein Problem mit Markieren mit Urin innerhalb der Wohnung entstehen. Nicht sterilisierte Weibchen werden regelmäßig rollig. In dieser Zeit sind sie oft nervös und um einiges gesprächiger als sonst. Bei kastrierten Tieren fallen diese Verhaltensweisen bei beiden Geschlechtern weg und ein Unterschied im Verhalten ist grundsätzlich nicht auszumachen.

Ist die Frage nach Alter und Geschlecht geklärt, kann sich Gedanken über die richtigen Charaktereigenschaften Ihres neuen Haustieres gemacht werden. Bevorzugen Sie eher eine besonders gemütliche Schmusekatze oder freuen Sie sich auf einen wilden Draufgänger, mit dem es nie langweilig werden wird?

Adoptieren Sie Ihre BKH aus dem Tierheim, kann das Personal bei der Suche behilflich sein. Holen Sie eine Katze vom Züchter, wird auch dieser seine Kätzchen schon genau kennen und einschätzen können.

Etwas schwieriger gestaltet sich die Suche nach dem richtigen Mitbewohner, wenn schon eine Katze im Haushalt lebt. Schließlich soll sich zwischen den beiden Samtpfoten im besten Fall eine Freundschaft entwickeln.

Haben Sie bereits eine andere Katze zu Hause, so sollten Sie sicherstellen, dass Ihr neuer Mitbewohner die besten Voraussetzungen mitbringt, um ein guter Katzenfreund zu werden.

Vermeiden Sie, zwei unkastrierte Kater zusammenzuhalten. Dies geht in den seltensten Fällen gut und führt stattdessen nur zu Revier- und Rangkämpfen untereinander. Sollten Sie planen, ein Weibchen und ein Männchen zusammenzuhalten, so beachten Sie, dass mindestens einer der beiden kastriert werden muss, falls dies noch nicht geschehen ist. Das Zusammenführen und -leben von zwei Weibchen bringen in der Regel die wenigsten Probleme mit sich. Katzen sind, im Gegensatz zu Katern, generell eher friedlicher und spielen lieber, statt zu raufen.

Neben dem Geschlecht spielt auch das Alter eine entscheidende Rolle. Je größer der Altersunterschied, desto schwieriger kann sich die Gestaltung der gemeinsamen Zeit darstellen. Wo junge Katzen gern etwas erleben, machen die Senioren unter ihnen lieber ein Nickerchen oder beobachten ihre Umgebung. Treffen sehr jung und sehr alt aufeinander, kann es schneller passieren, dass der Jungspund sich langweilt, während der Senior genervt reagiert. Ausnahmen bestätigen die Regel; manch eine ältere Samtpfote wird durch den neuen Wirbelwind in der Familie wieder jung. Auf der anderen Seite können junge Katzen viel von den Älteren lernen.

Auch der Charakter des zukünftigen neuen Familienmitglieds spielt für ein reibungsloses gemeinsames Katzenleben eine große Rolle. Je ähnlicher die beiden Vierbeiner sich charakterlich sind, desto wahrscheinlicher ist die Entstehung einer Katzenfreundschaft zwischen ihnen. Handelt es sich bei der bereits vorhandenen Katze um eine Britisch Kurzhaar Katze und soll auch Ihr Neuzugang eine BKH sein, so stehen die Chancen für ein friedliches Zusammenleben gut. Die Britisch Kurzhaar Katze, als sehr soziale und tolerante Katzenrasse, akzeptiert aber auch andere Rassen generell problemlos neben sich.

GRUNDAUSSTATTUNG

Um für den Einzug Ihres neuen Haustieres vorbereitet zu sein, besorgen Sie frühzeitig alles nötige Equipment im Fachhandel. So haben Sie bei Problemen noch genug Zeit, sich um eine Lösung zu kümmern, ohne dass Stress entsteht. Als Erstausstattung benötigen Sie generell unabhängig von Alter und Herkunft der Katze:

- Katzenfutter
- Futternapf und Trinknapf
- Min. ein Katzenklo und Einstreu
- Kratzbaum
- Körbchen o. Ä., indem die Katze zur Ruhe kommen kann
- Bürste oder Noppenhandschuh zur Fellpflege
- Spielzeug
- Transportbox
- Ggf. Geschirr

Je nach Alter, Aktivität und Charakter Ihrer Katze und abhängig von der Haltungsform, für welche Sie sich entschieden haben, werden Sie im Laufe Ihrer gemeinsamen Zeit weitere Ausstattung benötigen, um Ihrem Liebling gerecht zu werden. Für die Anfangs- und Kennlernzeit reicht jedoch zunächst das oben Aufgezählte. Näheres zu den einzelnen Punkten finden Sie unten im jeweiligen Abschnitt.

Haben Sie für alles nötige Equipment den richtigen Platz gefunden, steht dem Einzug Ihres neuen

Familienmitglieds nichts mehr im Weg. Halten Sie sich den Tag des Einzugs möglichst frei, sodass kein Stress oder Zeitdruck entsteht. Für den Weg ins neue Zuhause sollte die Katze zur Sicherheit in einer speziellen Box für Tiere transportiert werden. Mit Ihrer Katze zu Hause angekommen, zeigen Sie ihr als Erstes das Katzenklo. Lassen Sie Ihr neues Haustier dann alles in Ruhe anschauen und erkunden. Verzichten Sie an den ersten Tagen auf Besuch. Auch wenn die gesamte Bekanntschaft gern Ihre neue Katze begrüßen würde, schätzt diese eher Ruhe an den ersten Tagen im neuen Zuhause. Achten Sie deshalb darauf, dass sie die ersten Tage ruhig und mit so wenigen Personen wie möglich verbringen.

Haben Sie bereits eine Katze, ist es wichtig, dass sich „neue" und „alte" Katze langsam aneinander gewöhnen können. Wichtig ist zunächst einmal, dass jede Katze ihre eigene Ausstattung besitzt. Das heißt, Katzenklo, Fress- und Trinknapf, Schlafplatz, Bürste und Spielzeug müssen jeweils entsprechend der Anzahl der Katzenbewohner im Haushalt vorhanden sein. Richten Sie auch getrennte Futterplätze ein, damit alle Vierbeiner in Ruhe ihr Fressen genießen können.

Am ersten Tag sollten Sie dem Neuankömmling erst mal Zeit zum Ankommen und Erkunden geben.

Sperren Sie die „Alte" jedoch nicht weg, trennen Sie Ihre Wohnung in zwei Bereiche, sodass jede der Katzen einen eigenen abgeschlossenen Teil bewohnen kann. Ansonsten verursachen Sie womöglich noch vor dem ersten richtigen Kennenlernen Ärger über den neuen Mitbewohner. Dem Neuankömmling tut ein eigener abgeschlossener Raum mit allem, was zu einem Katzenleben dazugehört, für die Anfangszeit gut. Verzichten Sie mindestens den ersten Tag, je nach Gemütszustand Ihres neuen Familienmitglieds noch einen weiteren Tag, auf ein Kennenlernen zwischen den Stubentigern.

Es wird nicht lange dauern, bis die beiden den jeweils anderen Artgenossen bemerkt haben. Auch durch Türen sind Katzen in der Lage, zu riechen und zu hören. Um die beiden nun langsam zusammenzuführen, öffnen Sie eine Tür, durch die sich beide beschnuppern und begutachten können, nur einen kleinen Spalt weit. Grade so weit, dass noch niemand hindurchschlüpfen kann. Beobachten Sie bei diesem ersten Kontakt genau die Reaktionen. Je nachdem, ob diese eher positiv oder negativ ausfallen, bestimmt dies das weitere Vorgehen. Können Sie eine negative Reaktion, wie Fauchen oder Knurren, auf das Gegenüber feststellen, schließen Sie die Tür wieder. Wiederholen

Sie diese kleine Begegnung, wenn nötig, für einige Tage, bis die Reaktionen milder werden und ganz abflauen.

Beobachten Sie hingegen, dass die beiden Samtpfoten aneinander interessiert und positiv gestimmt sind, können Sie einen Schritt weitergehen. Holen Sie sich im Idealfall eine zweite Person dazu, welche die „alte" Katze bereits kennt, sodass jede Katze eine Bezugsperson bei sich hat. Beide Katzen bekommen dann je eine Person auf Ihre Seite der Tür. Die Tür wird, wie oben beschrieben, geöffnet. Verhalten sich beide Vierbeiner ruhig und entspannt, kann die Tür nun geöffnet werden. Lassen Sie zu, dass die Katzen sich in Ruhe begutachten. Ein Fauchen oder auch ein Tatzenschlag ist kein Grund, den Kontakt direkt wieder abzubrechen. Beobachten Sie hingegen einen Revierkampf, so muss eingegriffen und die beiden wieder getrennt in ihre Zimmer verbracht werden.

Ist das erste Aufeinandertreffen gut verlaufen, besteht kein Grund, die beiden wieder zu trennen. Am besten halten Sie immer ein Auge und Ohr offen, um mögliche Streitereien frühzeitig bemerken zu können. Ansonsten kümmern Sie sich um beide Samtpfoten gleichermaßen und schenken Ihnen gleichviel Beachtung, um die Entstehung von Eifersucht zu vermeiden.

Ihre „alte" Katze soll nicht das Gefühl bekommen, der Neuankömmling nehme ihr etwas weg oder solle sie ersetzen.

Hat das erste Zusammentreffen nicht ganz so gut funktioniert, gehen Sie einen Schritt zurück und separieren Sie die Streithähne wieder. Wiederholen Sie die einzelnen Schritte über mehrere Tage und versuchen Sie es dann erneut.

Die Gewöhnung aneinander kann bei Katzen gute drei Wochen in Anspruch nehmen. Falls es nicht auf Anhieb klappt, heißt das also nicht, dass hier keine Katzenfreundschaft entstehen wird. Bleiben Sie geduldig und fair und geben Sie keinem Ihrer beiden tierischen Mitbewohner die Schuld für die Streitereien.

Endet jeder Versuch des Zusammenführens in einem ausgewachsenen Kampf, es ist keine Besserung in Sicht und eine andere zukünftige Lösung scheidet ebenfalls aus, führt kein Weg daran vorbei, die „neue" Katze wieder zurückzugeben. Auch wenn dies schwerfällt, muss bedacht werden, dass ein Leben unter Dauerstress für alle Beteiligten nicht glücklich macht.

KATZENSICHERE WOHNUNG

Um Ihrer neugierigen und abenteuerlustigen Katze eine sichere Umgebung bieten zu können, vergewissern Sie sich, dass Ihre Wohnung katzensicher ist. Aufgrund von Langeweile, Einsamkeit oder aus purer Neugier kommen die Samtpfoten auf die eine oder andere „geniale" Idee. Stellen Sie sicher, dass alles, was für Katzen giftig ist, außer Reichweite und gut weggeschlossen ist. Dazu zählen Reinigungsmittel, Medikamente und bestimmte Lebensmittel. Auch giftige Zimmerpflanzen sollten entweder ganz aus der Wohnung verbannt oder sicher außerhalb des Wirkkreises Ihres Vierbeiners gestellt werden. Eine weitere Risikoquelle stellen Kabel und Steckdosen dar. Herumliegende Kabel können abgeklebt werden, für die Steckdosen empfiehlt sich das Einklemmen einer Kindersicherung.

Befindet sich in Ihrer Wohnung eine Treppe aus Holz oder Stein? Um Rutschen zu verhindern, bekleben Sie die einzelnen Stufen mit speziellen Teppichelementen. Verschließen Sie im Alltag Backofen, Waschmaschine, Trockner und andere „gemütliche" Löcher, in die eine Katze klettern könnte. Ansonsten könnte es bei der nächsten Nutzung zu einer unschönen Überraschung und gesundheitlichen Schäden für den

Vierbeiner kommen. Eine Besonderheit, die bei der Haltung einer Britisch Kurzhaar Katze beachtet werden muss, ist ihre Liebe zu Wasser.

Im Gegensatz zu vielen anderen Katzenrassen sind die meisten Britisch Kurzhaar Katzen von Wasser begeistert und erfrischen sich gern im kühlen Nass. Dies kann allerdings gefährlich werden, wenn sie dieses aus eigener Kraft nicht mehr verlassen können. Offene Wasserbecken, wie etwa Aquarien, sollten deswegen abgedeckt und die Tür zum Badezimmer am besten verschlossen werden.

Als letzter wichtiger Punkt sind Kippfenster zu erwähnen. Viele Katzen versuchen, durch den Schlitz ins Freie zu gelangen, rutschen ab und hängen dann im gekippten Fenster fest. Dies kann zu Quetschungen, Brüchen und sogar Tod durch Ersticken führen. Hier können spezielle Gitter für Kippfenster Abhilfe schaffen.

Erziehung

E s ist ein Mythos, dass Katzen nicht erziehbar sind. Natürlich handelt es sich bei Katzen nicht um kleine Hunde. Katzen sind in der Regel tatsächlich eher eigensinnig und selbstständig. Erziehen kann man sie aber trotzdem. Wenn sie Gefallen daran finden, ist es sogar möglich, ihnen kleine Tricks beizubringen.

GRUNDSÄTZE

Die Erziehung einer Katze erfordert in den meisten Fällen einiges an Geduld und Arbeit. Die richtige

Erziehung ist trotzdem möglich und nötig, da nur so ein friedliches Miteinander von Mensch und Katze erreicht werden kann.

Eine gute Erziehung beruht bei jeder Katze auf den gleichen Grundsätzen. Je nach Rasse sind aber typische rassespezifische Eigenheiten und Charaktereigenschaften zu beachten. Die Britisch Kurzhaar Katze gilt als sehr intelligent, verhältnismäßig unkompliziert und gelehrig. Sie verzeiht Ihnen auch den einen oder anderen Erziehungsfehler, was sie zu einer perfekten Anfängerkatze macht. Wesentliche Voraussetzungen jeder guten Katzenerziehung sind Konsequenz und Fairness. Einmal angewöhnte Unarten sind schwer wieder loszuwerden. Aus diesem Grund ist es, auch bei jungen Katzen, unerlässlich, von Anfang an klare Grenzen aufzuzeigen. Besprechen Sie mit Familie und Mitbewohnern, was Ihrer Katze erlaubt, was verboten werden soll. Es ist wichtig, dass alle Bewohner sich an die Regeln halten und gegenüber der Katze auch durchsetzen.

Dabei sollte niemals Gewalt angewandt werden. Die Katze darf nicht geschlagen oder getreten werden. Auch das verbreitete Mit-Wasser-Bespritzen wird von Katzen als Gewalt aufgefasst. Gewaltanwendung hätte,

im schlimmsten Fall, einen irreparablen Vertrauens-
verlust gegenüber den Menschen zur Folge.

Erinnern Sie sich immer daran, dass Katzen bei allem, was Sie tun, nur ihren Bedürfnissen nachgehen.
Obwohl es uns manchmal so erscheint, wollen sie uns
mit Ungehorsam nicht ärgern.

Katzen verstehen kein Schimpfen und Schreien.
Bedenken Sie auch immer, dass Katzen dreimal so gut
hören können wie wir Menschen und laute Geräusche,
wie Schreien, ihnen im schlimmsten Fall sogar
Schmerzen zufügen können. Die einzig sinnvolle Erziehung erfolgt durch Korrektur. Zeigt Ihre Katze unerwünschtes Verhalten, so kommentieren Sie dieses
sofort mit einem klaren „Nein". Je schneller Sie reagieren, desto besser. Falls sie auf ein bloßes „Nein" nicht
reagiert, was vor allem in der Anfangszeit völlig normal ist, zeigen Sie ihr das gewünschte alternative Verhalten. Im besten Fall besteht diese Alternative in einer
Möglichkeit, das geäußerte Bedürfnis ebenfalls zu er-
füllen.

Ein Beispiel: Springt Ihre Katze unerlaubt auf den
Tisch, sagen Sie „Nein", heben Sie sie vom Tisch her-
unter und setzen Sie sie auf den Boden. Das Bedürfnis
der Katze, auf etwas heraufzuspringen und für einen
guten Überblick auf einer Erhöhung zu sitzen, wird mit

dem aufgezeigten Alternativverhalten nicht erfüllt. Statt Ihren Liebling auf den Boden zu setzen, würde es dem Bedürfnis Ihres Lieblings eher entsprechen, wenn sie auf eine andere Erhöhung gesetzt werden würde, wie zum Beispiel ein Regal. Wollen Sie generell nicht, dass Ihre Katze auf Ihre Möbel springt, so können Sie sie auch auf ihren Kratzbaum oder Ähnliches setzen. Die bedürfnisdeckende Alternative wird in der Regel sehr viel schneller angenommen, als solche, welche dem Bedürfnis nicht entsprechen.

Gewünschtes Verhalten bestärken Sie mit Lob und Streicheln. Auch Leckerlis sind in diesem Fall eine Möglichkeit. Diese sollten jedoch aufgrund von drohendem Übergewicht in Maßen verfüttert werden. Am besten ziehen Sie die Leckerlis von dem Futter der Katze ab, sodass es gar nicht erst zu Fehleinschätzungen der Menge kommen kann.

Katzen sind in der Lage, ihren eigenen Namen zu verstehen und auf ihn zu hören. Nutzen Sie den Namen vor allem während des Streichelns und Fütterns, um eine Verknüpfung zu positiven Ereignissen herzustellen. Vermeiden Sie es hingegen, die Katze in unangenehmen Situationen, wie Schimpfen, mit ihrem Namen anzusprechen. Schon bald wird Ihr Stubentiger beim

Klang des Namens in freudiger Erwartung auf eine Streicheleinheit angelaufen kommen.

STUBENREINHEIT

Bei Katzen handelt es sich um sehr reinliche Tiere. Für Katzen, die ausschließlich im Haus gehalten werden, ist die Erziehung zur Stubenreinheit unerlässlich. Aber auch Freigängern, welche ihr Geschäft meist draußen erledigen, sollte der Gang auf das Katzenklo beigebracht werden. Haben Sie Ihre Katze vom Züchter, so kommt sie meist bereits stubenrein zu Ihnen nach Hause. Adoptieren Sie jedoch eine Katze aus dem Tierheim oder von einem Bauernhof, so kann es vorkommen, dass diese nicht an den Gang auf eine Katzentoilette gewöhnt ist.

Auch aufgrund von Stress, wegen Umzug, einer neuen Umgebung oder Familienzuwachs kann es passieren, dass Ihre Katze nicht mehr in ihrer Toilette, sondern woanders im Haus ihr Geschäft verrichtet. In diesen Fällen müssen Sie Ihrer Katze selbst zeigen, im Haus nur das für sie bereitgestellte Katzenklo zu nutzen.

Ausstattung

Der erste wichtige Baustein für eine erfolgreiche Erziehung zur Stubenreinheit ist das richtige Equipment. Zunächst benötigen Sie das passende Katzenklo. Nach der Faustregel „Anzahl der Katzen + 1", sollte für jede im Haushalt befindliche Katze eine Toilette plus eine zusätzliche bereitstehen. Für das Halten einer Katze sind somit zwei Katzenklos zu empfehlen; bei 3 Katzen, wären schon vier Stück vonnöten. Hierbei handelt es sich jedoch nur um eine grobe Formel. Abhängig ist die Anzahl auch davon, wie viel Platz Sie zu Hause haben, ob es sich um reine Hauskatzen oder Freigänger handelt und wie gut die Katzen sich untereinander verstehen. Lebt nur eine Katze in Ihrem Haushalt, ist jedoch grundsätzlich die Anschaffung von zwei Toiletten zu empfehlen.

Bleibt noch die Frage nach dem passenden Modell. Im Handel finden sich viele unterschiedliche Modelle, von komplett offen bis fast komplett geschlossen ist alles erhältlich. Beim klassischen Modell handelt es sich um eine Schale mit erhöhtem Rand. Je höher der Rand, desto weniger Streu geht beim Scharren daneben. Es gibt Modelle, bestehend aus einer Wanne mit zum Teil abnehmbarer Haube. Der Einstieg befindet sich, teils mit einer Klappe versehen, an einer Seite der Toilette.

Der Vorteil dieser Modelle ist, dass sehr viel weniger Streu von der Katze herausgescharrt werden kann. Auch die Luxusvariante mit Selbstreinigungsfunktion wird immer beliebter. In der Anschaffung etwas teurer, überzeugt dieses Modell mit Sauberkeit bei weniger Arbeitsaufwand. Durch einen speziellen Mechanismus werden auf Betätigung eines Hebels die Häufchen direkt in einen Müllbeutel herausgesiebt. Hierdurch kann neben Zeit auf Geld gespart werden, da nicht immer die ganze Streu erneuert werden muss. Durch einen integrierten Aktivkohlefilter wird die Verbreitung unangenehmer Gerüche verhindert.

Grundsätzlich mögen es die meisten Katzen, vor allem auch Vertreter der Britisch Kurzhaar Katze, aufgrund ihrer Größe, ihr Geschäft in einem Katzenklo ohne Haube zu verrichten. Jede Katze hat allerdings individuelle Vorlieben. Es ist daher möglich, dass Sie zunächst experimentieren müssen, was Ihrer Katze gefällt. Beachten Sie auch besondere Bedürfnisse von alten oder verletzten Katzen. Wählen Sie für diese eine Toilette mit niedrigerem Rand, um den Einstieg zu erleichtern. Bei Unsicherheiten ist es empfehlenswert, sich zunächst für ein Modell mit abnehmbarer Haube zu entscheiden. Hier haben Sie die Möglichkeit, die Toilette ohne Haube zu nutzen, für den Fall, dass die

Toilette nicht so gut angenommen wird. Bezüglich der Größe sollte beachtet werden, dass die Katze sich ohne Probleme drehen und scharren können muss.

Neben der Art der Toilette spielt auch die richtige Streu eine Rolle. Eine gute Katzenstreu sollte viel Feuchtigkeit aufnehmen, Gerüche neutralisieren können und wenig stauben, um die Atemwege der Katze zu schonen. Die klassische Einstreu besteht aus einer Quarzsand-Kalk-Mischung. Flüssigkeit sickert hier langsam bis auf den Boden durch, die Häufchen bleiben oben liegen. Nachteil hier ist, dass immer die gesamte Einstreu gewechselt werden muss. Bei Klumpstreu handelt es sich um eine Mischung aus Tonmaterialien. Diese klumpen bei Berührung mit Feuchtigkeit zu kleinen Häufchen, welche dann mit einer kleinen Schaufel entfernt werden können.

Ein großer Vorteil dieser Streu ist, dass nicht immer die gesamte Streu gewechselt werden muss, da auch die gebundene Flüssigkeit mit einer kleinen Schaufel entfernt werden kann. Diese Art Streu sollte jedoch nicht für Kitten genutzt werden. Diese nehmen oft größere Mengen von Streu auf, was bei Klumpstreu zu gefährlichen Darmverschlüssen führen kann. Es besteht auch die Möglichkeit, Katzenstreu aus Pflanzenfasern zu nutzen. Diese bestehen in der Regel aus dem

Holz von Fichte, Tannen und Zeder. Der große Vorteil dieser Einstreu ist die Umweltfreundlichkeit. Diese Art Einstreu verzichtet außerdem auf jegliche chemischen Duftstoffe.

Die Wahl der richtigen Streu bestimmt sich, wie auch beim Katzenklo, nach den Vorlieben der Katze. Auch hier muss gegebenenfalls ein wenig herumexperimentiert werden, bis Sie die passende Einstreu für Ihre Katze gefunden haben.

Zusätzlich zu Katzenklo und Streu benötigen Sie eine kleine Schaufel zur Reinigung. Um das Verteilen von Katzenstreu zu vermeiden, kann es hilfreich sein, einen Badvorleger oder Ähnliches vor den Ausgang der Toilette zu legen. An den Katzenpfoten hängen gebliebene Streu kann so abgetreten werden, bevor es sich im gesamten Haus verteilen kann.

Vorbereitung und Hygiene

Ist die Ausstattung besorgt, stellt sich die Frage: „Wohin damit?" Der Standort der Toilette sollte nicht zu nah an Futter- und Schlafplatz liegen. Ebenfalls muss darauf geachtet werden, dass die Toilette nicht in einem Raum steht, in dem Unruhe oder Lärm herrscht. Suchen Sie am besten einen ruhigen Raum aus, abseits vom Trubel des Alltags. Haben Sie einen guten Platz gefunden, verändern Sie den Standort nicht. Achten

Sie außerdem darauf, dass die Toilette zu jederzeit zugänglich ist. Ansonsten kann es vorkommen, dass Ihre Katze die Toilette schlicht nicht findet und deswegen einen anderen Ort für ihr Geschäft wählt.

Die Hygiene spielt für die Erziehung zur Stubenreinheit eine große Rolle. Katzennasen reagieren empfindlich auf unangenehme Gerüche. Um Probleme zu vermeiden, reinigen Sie die Toilette jeden Tag mindestens einmal. Wöchentlich sollte mit heißem Wasser einmal durch die Wanne gespült werden. Verzichten Sie auf Parfüm oder Raumduft nahe der Katzentoilette. Auch hierauf reagieren einige Katzen empfindlich.

So wird Ihre Katze stubenrein

Für das „Toilettentraining" orientieren Sie sich an den Grundsätzen der Erziehung. Konsequenz und Geduld sind gefragt. Setzen Sie die Katze nach jeder Nahrungsaufnahme in ihre Katzentoilette. Die Chance, dass sie dann ihr Geschäft verrichtet, ist hoch. Um die Verdauung zu fördern und die Chance auf ein Häufchen in der Katzentoilette zu steigern, massiert man mit einem nassen, warmen Lappen den Bauch der Katze. Auf erfolgreiche Verrichtung folgt ausgiebiges Lob. Verrichtet Ihre Katze an einem anderen Ort in der Wohnung ihr Geschäft, so setzen Sie sie danach in ihre Toilette. Eine Bestrafung ist hier fehl am Platz. Stattdessen wird mit dem oben genannten Prinzip der Korrektur gearbeitet. Wiederholen Sie diese Vorgehensweise, bis Ihre Katze von allein die Toilette aufsucht. Es kann hilfreich sein, die Toilette nach der Nutzung nicht sofort zu reinigen, sodass die Katze durch den Geruch an den richtigen Ort gebunden wird.

Wenn es mit der Sauberkeit plötzlich nicht mehr klappt, obwohl Ihre Katze vorher keine Probleme hatte, bestrafen Sie sie nicht. Suchen Sie nach Störfaktoren, die bei Ihrem Stubentiger Stress ausgelöst haben könnten. Hierbei kann es sich um einen Umzug, ein neues oder fehlendes Familienmitglied, eine neue Katze oder einen veränderten Tagesablauf handeln. Sogar die kleinsten Veränderungen, wie umgestellte Möbel, ein neues Katzenklo oder unbekannter Besuch, können bei Katzen Stress auslösen.

Möglicherweise entsprach die Sauberkeit in der letzten Zeit aber auch nicht den Ansprüchen Ihrer Katze oder Sie haben eine neue Einstreu ausprobiert, die nicht gefällt. Schließen Sie auf jeden Fall auch eine Krankheit aus. Schildern Sie Ihrem Tierarzt das Problem, sodass speziell nach Ursachen für diese Unsauberkeit geforscht werden kann. Im Rahmen der Geschlechtsreife beginnen vor allem Kater, ihr Revier mit Urin zu markieren. Hier kann eine Kastration oft

Abhilfe schaffen. Lassen Sie sich in diesem Fall von Ihrem Tierarzt beraten.

DIE RICHTIGE BESCHÄFTIGUNG

Katzen möchten beschäftigt werden. Viele Unarten und Probleme lassen sich auf mangelnde Beschäftigung und fehlende Auslastung zurückführen. Halten Sie Ihre BKH als reine Wohnungskatze, so werden Sie ein wenig mehr Zeit für eine zufriedenstellende Bespaßung investieren müssen als für einen Freigänger. Das Halten einer Britisch Kurzhaar Katze als reine Wohnungskatze ist aufgrund ihres gemütlichen Charakters und ausgeglichenen Gemüts ohne Probleme möglich. Sie legt keinen Wert auf ein großes eigenes Revier, weswegen sie auch in einer Wohnung gehalten werden kann.

Es sei außerdem gesagt, dass es sich bei dieser Rassekatze um ein sehr soziales Tier handelt. Haben Sie nicht immer Zeit für die Katze oder sind Sie regelmäßig unterwegs, sollten Sie sich im besten Fall eine weitere BKH anschaffen. Es empfiehlt sich in diesem Fall, gleich ein Geschwisterpaar zu adoptieren, damit sich die beiden nicht erst aneinander gewöhnen müssen.

Aber auch zu einer schon vorhandenen Katze ist die Britisch Kurzhaar Katze einfach zu vergesellschaften.

Für die aktive Beschäftigung Ihres Stubentigers gibt es zahlreiche Möglichkeiten: Klassisch können Sie ihr mit Spielzeug aus dem Handel eine Freude machen. Genauso gut ist es aber auch möglich, sich das Spielzeug selbst zu basteln. Beispiel: das Federspiel. Sowohl fertig zu kaufen als auch einfach selbst herzustellen, ist das Federspiel. Es handelt sich hierbei um eine Feder, welche an eine Schnur gebunden ist. Es kann allerdings auch jeder andere leichte, flatternde Gegenstand an eine Schnur geknotet werden. Die Feder wird nun vor der Katze hergezogen, sodass sie von ihr gejagt werden kann. Mithilfe dieses Spiels können Sie das Jagdbedürfnis Ihres Lieblings befriedigen und sie außerdem zur körperlichen Betätigung animieren.

Möchten Sie sich selbst und Ihre Katze einer neuen Herausforderung stellen, so probieren Sie doch mal „Clickern". Bei dem, vor allem in Verbindung mit Hundeerziehung, bekannten Clickertraining, handelt es sich um eine Trainingsmethode, mit der Sie Ihre Katze nicht nur geistig auslasten, sondern auch erziehen können.

Der richtige Zeitpunkt, um das Clickertraining zu beginnen, ist jetzt. Alter, Herkunft und Vorgeschichte spielen für die Eignung keine Rolle. Voraussetzung ist lediglich, dass Ihre Katze sich von Ihnen ohne Probleme anfassen lässt. Klassisch wird für das Training ein spezieller Clicker verwendet. Dieser ist in jedem Tierhandel, in unterschiedlichen Ausführungen, erhältlich. Statt des Klickens des Clickers können Sie aber auch jedes andere Geräusch für dieses Training nutzen. Wichtig ist lediglich, dass es sich dabei um ein Geräusch handelt, welches Ihre Katze hören kann, welches nicht außerhalb des Trainings auftritt und welches sich nicht verändert.

Hinter dem Training steckt die Idee, dass die Katze durch das neutrale Geräusch eine Verknüpfung zwischen einem bestimmten Verhalten und einer Belohnung herstellt. Bei der Belohnung kann es sich um Streicheln, Spielen oder Leckerlis handeln. Mit Leckerlis entfachen Sie wohl am schnellsten Begeisterung bei Ihrer BKH. Beachten Sie hier nur wieder die Gesamtfuttermenge Ihrer Katze. Ziehen Sie, wenn möglich, das beim Training Gegebene vom Futter ab, um Überfütterung zu vermeiden.

Grundsätzlich sollten Sie darauf achten, dass Clickertraining in einer reizarmen Umgebung stattfinden zu lassen. Für den Erfolg ist es wichtig, dass Ihr Trainingspartner sich auf das Geräusch konzentriert und nicht von äußeren Reizen abgelenkt wird. Es kann für die Konzentration außerdem hilfreich sein, dass Training immer im gleichen Raum stattfinden zu lassen. Beginnen Sie zunächst mit der Verknüpfungsphase. In dieser geht es um die gedankliche Verbindung von Geräusch und Belohnung.

Suchen Sie sich hierfür einen ruhigen Platz. Achten Sie darauf, dass die volle Aufmerksamkeit Ihrer Katze bei Ihnen liegt. Machen Sie nun das von Ihnen gewählte Geräusch. Innerhalb von 0,5 bis 0,7 Sekunden muss jetzt die Belohnung folgen. Hier ist Schnelligkeit gefragt. Wird die Belohnung zu spät gegeben, so ist für die Katze kein Zusammenhang mehr ersichtlich und der Lerneffekt gleich null. Handelt es sich bei der Belohnung um Leckerlis, halten Sie diese in der geschlossenen Faust, sodass Ihre BKH sie nicht schon vor dem Geräusch entdecken kann. Wiederholen Sie dieses Vorgehen, bis Sie merken, wie Ihre Katze gespannt auf das Geräusch wartet. Dies kann je nach Katze auch einige Tage dauern.

In der nächsten Phase wird das Ganze mit einer Aktion seitens der Katze verknüpft. Zeigt Ihre Katze zufällig oder auf Aufforderung gewünschtes Verhalten, manchen Sie genau in dem Moment, indem die Aktion ausgeführt wird, das Geräusch. Danach, wieder innerhalb von 0,5 bis 0,7 Sekunden, gibt es die Belohnung. Das Geräusch soll das Verhalten mit der positiven Rückmeldung in Verbindung bringen. Es wird als Ankündigung für das Leckerli etc. genutzt und soll dieses nicht ersetzen. Deswegen ist auch hier das richtige Timing das A und O.

Beispiel: Sie bedeuten Ihrer Katze, sich auf einen Stuhl zu begeben. In dem Moment, indem sie losspringt, um auf dem Stuhl Platz zu nehmen, machen Sie das Geräusch. Ist sie oben, belohnen Sie sofort. Auf diese Weise wird eine Verknüpfung dieses Verhaltens mit einer positiven Rückmeldung hergestellt. Mithilfe des Clickertrainings können Sie Ihrer BKH viele kleine Tricks beibringen, wie zum Beispiel Sitz und Bleib, Springen, Pfote geben. Achten Sie bei der Wahl der Tricks immer auf die Fähigkeiten Ihrer Katze und verlangen Sie nicht, was ihren körperlichen Voraussetzungen, ihrem Gemütszustand oder Charakter widerspricht.

Anfangs kann es sowohl für Mensch als auch Tier etwas frustrierend sein, wenn nicht gleich alles klappt oder verstanden wird. Lassen Sie sich Zeit. Das Training ist für beide Seiten eine Herausforderung und benötigt einiges an Konzentration. Halten Sie die Trainingseinheiten zunächst kurz. Ein Zeitrahmen von ungefähr drei Minuten ist für die Anfänge angemessen. Je nach Konzentrationsfähigkeit und Motivation können die Einheiten dann verlängert werden. Zeigt Ihre BKH Anzeichen von Müdigkeit, so beenden Sie an dieser Stelle das Training. Um eine bestmögliche Mitarbeit Ihrer Katze zu erreichen, empfiehlt es sich außerdem, einen Zeitpunkt abzupassen, in dem sie hungrig und nicht müde ist.

Durch das Clickertraining kann Ihr Haustier so optimal geistig gefordert und gefördert werden. Ein schöner Nebeneffekt des Trainings besteht darin, dass sich unerwünschtes Verhalten langsam ausschleicht. Durch die positive Verstärkung gewünschten Verhaltens wird dieses immer öfter gezeigt. Nicht belohnte Aktionen werden hingehen immer weniger ausgeführt werden. Diesen Prozess können Sie unterstützen, indem Sie das Clickertraining auch gezielt nutzen, um gewünschtes Alternativverhalten zu loben.

Es muss nicht immer eine Aktion sein, auch über eine ausgiebige Streicheleinheit freut sich jede BKH. Zwischendurch können Sie auch hier eine nützliche Übung einbauen. Viele Katzen mögen es nicht, überall angefasst zu werden, und machen dies auch mitunter mit ihren Krallen deutlich. Manchmal kann es jedoch notwendig sein, den ganzen Körper gefahrlos in

Augenschein nehmen zu können oder sogar in Mund und Ohren zu schauen.

Sie werden schnell herausgefunden haben, was Ihr Stubentiger als unangenehm empfindet. Versuchen Sie nun während einer ruhigen Streicheleinheit, ihre Katze beiläufig auch dort zu berühren. Fahren Sie danach ungeachtet der Reaktion weiter mit dem Streicheln an angenehmen Stellen fort. Wiederholen Sie dieses Vorgehen. Schenken Sie den unliebsamen Stellen immer nur so kurz Aufmerksamkeit, wie Ihr Liebling dieses ohne großes Theater ertragen kann. Loben nicht vergessen.

Auch wenn Sie mal nicht so viel Zeit haben, möchte Ihre BKH beschäftigt werden. Hierfür bieten sich zahlreiche Möglichkeiten, welche aus einfachen Haushaltsgegenständen hergestellt werden können. Stellen Sie einen leeren Karton in Ihre Wohnung und beobachten Sie, wie intensiv Katzen sich mit diesem befassen können. Um das Ganze ein bisschen spannender zu gestalten, füllen Sie den Karton mit Zeitungspapier und ein paar Leckerlis. Haben Sie keinen geeigneten Karton zur Hand, kann genauso gut eine Klopapierrolle mit Zeitungspapier und Leckerlis befüllt werden.

Um Ihrer BKH Möglichkeiten zu geben, sich selbst zu beschäftigen, reichen schon kleine Anstöße.

Verändern Sie immer wieder kleine Dinge in dem Revier Ihres Lieblings. Dabei kann es sich um einen Stuhl handeln, den Sie umstellen, oder ein Tuch, welches über einen anderen Gegenstand gelegt wird. Verteilen Sie unbeobachtet ein paar Leckerlis im Haus und animieren Sie Ihren Stubentiger zu regelmäßigen Streifgängen mit leckerer Überraschung. Wollen Sie Ihre BKH zu irgendetwas animieren, reicht meist ein Leckerli als Ansporn aus. Wir können jedoch nicht oft genug wiederholen, dass hier Überfütterung vermieden werden muss, um gesundheitsschädliches Übergewicht zu vermeiden.

Angelehnt an die Natur der Katzen ist es eine gute Idee, sie ihr Futter erarbeiten zu lassen. In der Natur wird es schließlich auch nicht pünktlich im Napf serviert, sondern muss zunächst gefunden und dann gefangen werden. Die oben beschriebene Vorgehensweise, das Verstecken des Futters, eignet sich hierfür hervorragend. Nutzen Sie auch die Möglichkeit einer weiteren Ebene durch Kletter- und Kratzbäume, um zu weiterer Bewegung zu animieren. Im Handel finden Sie außerdem eine Auswahl an unterschiedlichen Geschicklichkeitsspielen, in denen sich das Futter erspielt werden muss. Die meisten von diesen Spielen sind leicht mithilfe von Haushaltsgegenständen nachzubauen. BKH als eher gemütliche Vertreter der Stubentiger schätzen zudem einen Liegeplatz am Fenster, von dem aus sie das Geschehen draußen beobachten können.

Haben Sie sich dazu entschieden, Ihre Britisch Kurzhaar Katze als Wohnungskatze zu halten, so freut es sie auf jeden Fall trotzdem, ein bisschen frische Luft zu schnappen. Erweitern Sie das Revier Ihrer Katze, indem Sie sie kontrolliert in den Garten oder auf den Balkon lassen. Stellen Sie in diesem Fall jedoch sicher, dass Balkon und Garten ausbruchsicher sind. Vor allem für den Balkon empfiehlt sich ein Sicherheitsnetz, welches über den ganzen äußeren Bereich gespannt werden kann. Haben Sie keinen Garten oder Balkon zur Verfügung, wollen Ihrer Katze aber trotzdem den Gang nach draußen ermöglichen, gibt es Katzengeschirre mit Leine. Zuallererst sei gesagt, dass das Ausführen von Katzen an Geschirr und Leine grundsätzlich nicht als artgerechter Auslauf gewertet werden kann.

Je nach Charakter kann es vorkommen, dass das Tragen und Laufen an dem Geschirr ganz verweigert wird. Ist Ihre Britisch Kurzhaar Katze von Anbeginn an das Leben als Wohnungskatze gewöhnt, so wird sie Freigang auch nicht vermissen. Fangen Sie jedoch einmal damit an, kann es vorkommen, dass Ihr Liebling diesen Freigang auch immer wieder einfordern wird.

Möchten Sie jedoch trotzdem einen Versuch wagen, erhalten Sie einen kurzen Überblick über das Wichtigste: Als Ausstattung benötigen Sie ein spezielles Katzengeschirr und eine dazu passende Leine. Bitte verzichten Sie auf die Nutzung von Halsbändern statt Leinen, da die Gefahr des Strangulierens bei Halsbändern deutlich erhöht ist. Zudem kann eine geschickte Katze sich schnell aus dem Halsband herauswinden. Das richtige Geschirr sollte zwei Riemen besitzen, einen für den Hals, einen um den Bauch, sowie einen Steg längs entlang des Bauches. Das Geschirr sollte nicht zu eng sitzen, die Katze darf aber auch nicht die Möglichkeit haben, sich herauszuwinden. Lassen Sie sich für den perfekten Sitz in einem Fachgeschäft beraten.

Sind Geschirr und Leine besorgt, geht es nun an die Gewöhnung. Je früher mit dieser begonnen wird, desto wahrscheinlicher wird das Geschirr akzeptiert werden. Legen Sie das Katzengeschirr für einige Tage an einen für die Katze angenehmen Ort. So hat sie Zeit, es sich in Ruhe anzuschauen. Außerdem gibt es dadurch den fremden Geruch ab und nimmt nach und nach den gewohnten Geruch vom Zuhause an. Haben

Sie das Gefühl, Ihr Liebling hat sich an den fremden Gegenstand gewöhnt, kann damit begonnen werden, das Geschirr minutenweise anzuziehen. Achten Sie hier darauf, das Geschirr nicht zu eng zu schnallen, andernfalls kann der Tragstarre-Reflex ausgelöst werden. Bei diesem handelt es sich um einen nützlichen Reflex für kleine Kitten, bei dem sie sich in eine bewegungslose Körperhaltung begeben. Er ermöglicht es erwachsenen Tieren, vor allem der Mutter der Kitten, diese problemlos im Nacken zu tragen. Oftmals bleibt er bis ins Erwachsenenalter erhalten und kann somit zu dem typischen starren Umfallen führen.

Hat Ihre Britisch Kurzhaar Katze das Tragen des Geschirrs akzeptiert, können Sie die Leine befestigen. Jetzt geht es ab nach Draußen. Verabschieden Sie sich direkt von dem Gedanken, mit Ihrer Katze spazieren zu gehen wie mit einem Hund. Anders als beim Spazieren gehen mit Hund wird Ihr Haustier hier die Führung übernehmen. Geben Sie Ihrer Katze Raum, sich zu bewegen und ein wenig die Umgebung zu erkunden. Vermeiden Sie jedoch, aufgrund von Verletzungsgefahr, das Klettern auf Bäume oder Ähnliches. Nach und nach können Sie die Reichweite der Spaziergänge erweitern.

Egal, ob Wohnungskatze oder Freigänger, jede Katze freut sich über einige Kletter- und

Versteckmöglichkeiten in den eigenen vier Wänden, mit denen Sie sich selbstständig beschäftigen können. Schon allein aufgrund der Krallenpflege Ihrer Katze ist es unerlässlich, sich einen Kletterbaum zuzulegen. Durch das raue Material kann sie hier ihre Krallen wetzen und verschont somit Möbel und Wände. Aber auch, um sich zurückzuziehen, wenn es zu Hause mal etwas stressiger zugeht, oder um alles genau von oben beobachten zu können, ist ein Kratzbaum perfekt geeignet. Auch finden sich etliche unterschiedliche Modelle im Handel, was die Entscheidung schwer macht. Von Plüsch bis zu robustem Naturholz, von klein bis deckenhoch ist alles möglich. Für große Katzen, wie etwa die Britisch Kurzhaar Katze, sind vor allem mittelgroße bis große Kletterbäume zu empfehlen, um genügend Platz für körperliche Auslastung zu bieten.

Vor allem der Deckenspanner, ein Baum, welcher zwischen Boden und Decke gespannt wird und so größtmögliche Stabilität bietet, ist für große und schwere Katzen wie die BKH geeignet. Dieser nimmt allerdings auch einiges an Platz ein und ist somit leider nur für größere Wohnungen brauchbar. Die großen und mittelgroßen Kratzbäume bieten neben Kletter- und Versteckmöglichkeiten oft auch kleines Spielzeug an, welches am Stamm oder einer der Ebenen befestigt ist. Entscheiden Sie sich für einen mittelgroßen Baum, haben Sie hier noch einmal eine riesige Auswahl bezüglich Form, Farbe und Material. Handelt es sich bei Ihrem Liebling um einen aktiven oder eher etwas gemütlicheren Vertreter der britischen Rasse? Ist Ihr Vierbeiner grade in der Blütezeit seines Lebens oder genießt er seinen Lebensabend? Beziehen Sie auch Charakter und Alter Ihrer Katze in die Überlegung ein.

Kleine Kratzbäume, bis zu 80 cm, eignen sich vor allem dafür, herauszufinden, welches Material Ihrer Katze zusagt. Sind Sie sich bezüglich des Materials noch nicht sicher oder haben Sie eine Katze, welche nicht mit Kletterbäumen vertraut ist, so ist es kostengünstig und logistisch sinnvoll, erst einmal zu einem kleinen Modell zu greifen. Haben Sie die Vorlieben Ihres Vierbeiners herausgefunden, sollten Sie aber mit einer größeren Variante nachrüsten. Der kleine Baum wird sicher gern noch weiter als Ergänzung genutzt werden. Letztlich entscheiden Ihr Geschmack und die Vorlieben Ihrer Britisch Kurzhaar über den perfekten Baum. Die Suche danach mag etwas dauern und sich abschreckend anstrengend anhören, doch ist der richtige Kratzbaum tatsächlich Gold wert. Ist Ihnen oder Ihrem Liebling dies nicht genug, so finden sich noch unterschiedliche Ergänzungen, wie etwa kleine Kratz-möbel oder Kratzbretter.

Bietet Ihre Wohnung nicht genügend Platz für einen ausreichend großen Baum, ist eine Kletterwand vielleicht eine gute Alternative. Bei einer Kletterwand handelt es sich um einzelne Kletterbretter, Liegeflächen und Liegemulden, welche an der Wand angebracht und somit besonders platzsparend sind. Natürlich ist es ebenso möglich, einen Kletterbaum selbst zu bauen. Hierfür finden sich zahlreiche Anregungen, Ideen und Baupläne auf einschlägigen Internetseiten.

Neben den genannten Beschäftigungsmöglichkeiten gibt es noch viele andere Arten, um Ihren Britsch Kurzhaar Katze zu bespaßen. Um Katzen zu unterhalten, braucht es nicht viel. Es hilft, sich die einzelnen Bedürfnisse vor Augen zu halten und sich dann zu fragen, wie das einzelne Bedürfnis zufriedenstellend erfüllt werden kann. Tauschen Sie sich mit anderen Katzenbesitzern aus, werden Sie kreativ, denn wichtig ist die richtige Auslastung allemal; nicht nur für die Zufriedenheit Ihrer Katze, sondern auch für die eigene Zufriedenheit.

Hat Ihre Britisch Kurzhaar Katze Unarten, wie Möbelkratzen, Sachen herunterzuwerfen oder auf verbotene Plätze zu springen, entwickelt, liegt dies oft nicht an mangelnder Erziehung, sondern daran, dass sie sich langweilt. Überprüfen Sie, ob alle Bedürfnisse Ihrer Samtpfote erfüllt werden. Schenken Sie ihr genug Aufmerksamkeit? Hat sie Möglichkeiten sich selbst zu beschäftigen? Kann sie sich körperlich und geistig auspowern?

Beobachten Sie einmal, wann diese Unarten auftreten. Vielleicht zeigt Ihre Katze dieses unerwünschte Verhalten immer zu bestimmten Zeiten oder nach besonderen Ereignissen. In diesem Fall können Sie gezielt zu dieser Zeit auf die Bedürfnisse Ihres Lieblings achten. Auch Einsamkeit kann bei einer sozialen Katze wie der Britisch Kurzhaar zu einem solchen Verhalten führen. Bevor jedoch die endgültige Entscheidung zur Adoption einer weiteren Katze entschieden wird, sollte mit einem Tierarzt und einem Tierpsychologen gesprochen werden, um Erkrankungen ausschließen zu können, welche das unerwünschte Verhalten verursachen.

Pflege

D ie Pflege einer Britisch Kurzhaar Katze ist verhältnismäßig unkompliziert. Für ihr kurzes, dichtes Fell wird lediglich eine geeignete Bürste benötigt. Statt einer Bürste können Sie auch einen noppenbesetzten Handschuh, speziell für die Fellpflege, nutzen. Grundsätzlich reicht es aus, wenn Sie das Fell Ihres Stubentigers einmal in der Woche bürsten. Einige Katzen genießen dieses, andere lassen es sich nur ungern über sich ergehen. Lassen Sie sich davon nicht abschrecken. Ihre Katze wird sich an die Prozedur gewöhnen.

In Frühling und Herbst, zur Zeit des Fellwechsels, ist es ratsam, seine Katze öfter, ggf. sogar täglich, zu bürsten. Während des Fellwechsels verliert die Britisch Kurzhaar Katze viele kleine Fusselhaare. Diese verteilen sich nicht nur lästig überall in der Wohnung, sondern können auch für Ihre Katze unangenehm werden. Da sich Katzen während dieser Zeit auch vermehrt putzen, nehmen Sie ansonsten eine größere Menge Haare auf. Die große Menge an Haaren im Magen kann im schlimmsten Fall zu einer unangenehmen Magenschleimhautentzündung Ihres Lieblings führen. Ersparen Sie Ihrer Katze dies durch eine gewissenhafte und regelmäßige Fellpflege.

Die Pfotenpflege gestaltet sich als ähnlich unkompliziert. Im Normalfall ist das Eingreifen des Menschen nicht nötig und die Katzen pflegen ihre Pfoten allein. Für die Krallenpflege sollte ein Kratzbaum zur Verfügung stehen. Ist Ihre Samtpfote alt oder krank, kann es jedoch möglich sein, dass sie ein wenig Unterstützung benötigt. Die Reinigung der Pfoten kann mithilfe eines in warmes Wasser getauchten Waschlappens und entsprechendem Pfotenpflegemittel erfolgen. Mithilfe einer speziellen Krallenschere können Sie helfen, die alten Krallen zu entfernen. Sind Sie sich in der

Handhabung nicht ganz sicher, ist der Tierarzt des Vertrauens sicher gern behilflich.

In der kalten Jahreszeit kann es bei Freigängern zu trockenen und rissigen Pfotenballen kommen. Cremes schaffen Abhilfe. Beachten Sie dabei, dass sehr wahrscheinlich ein Teil der Creme von Ihrer Katze abgeleckt wird. Die Creme sollte also frei von schädlichen Inhaltsstoffen sein. Geeignet und in jedem Haushalt zu finden, ist zum Beispiel Bepanthen oder naturbelassenes Melkfett.

Nicht jede Katze mag es, an den empfindlichen Pfoten berührt zu werden. Nutzen Sie für eine unkomplizierte Pflege gegebenenfalls eine Zeit, zu der die Samtpfote grade schläft oder gekuschelt wird.

Ernährung

Um Ihrer Katze ein langes, gesundes Leben zu ermöglichen, spielt die richtige Ernährung eine große Rolle. Bei der Britisch Kurzhaar Katze muss besonders auf Menge und Zusammensetzung des Futters geachtet werden.

Zunächst muss aber der richtige Napf her. Ein für die Britisch Kurzhaar Katze passender Napf sollte einen niedrigen Rand, maximal vier Zentimeter hoch, besitzen. Der Durchmesser sollte ungefähr 15 Zentimeter betragen. Um sich einiges an Arbeit und Ihrer Katze Frust zu ersparen, sollten Sie einen runden oder ovalen Futternapf wählen. In den eckigen Modellen ist das

Verbleiben von Essensresten in den Ecken kaum zu vermeiden.

Für welches Material Sie sich bei der Wahl des Napfes entscheiden, hängt von Ihren Vorlieben ab. Es sollte jedoch darauf geachtet werden, dass die Oberfläche des Topfes glatt ist. So kann er einfacher gesäubert werden und es können sich keine Futterreste und Bakterien in den Unebenheiten festsetzen. Am besten achten Sie auch darauf, dass der Futternapf spülmaschinenfest ist. So sparen Sie Arbeit und können sicher sein, dass er auch wirklich sauber wird.

Die meisten Britisch Kurzhaar Katzen lieben Fressen und sind demnach auch mit Feuereifer dabei. Achten Sie deswegen darauf, einen ausreichend schweren Katzennapf zu verwenden, damit er beim Fressen nicht durch die ganze Wohnung geschoben wird. Alternativ gibt es auch Näpfe mit Antirutschbeschichtung am Boden.

Für mittelgroße und große Katzen wie die BKH werden immer wieder auch erhöhte Katzennäpfe angepriesen. Anders als bei Hunden ist eine Erhöhung zum Fressen auch für alte oder kranke Katzen nicht nötig. Von Natur aus sind Katzen, auch große, dazu gemacht, bequem vom Boden fressen zu können. Ein erhöhter Futternapf schadet allerdings auch nicht.

Neben dem Futternapf benötigen Sie einen Wassernapf. Auch wenn im Handel spezielle Gestelle für Futter- und Trinknapf angeboten werden, in denen beides nebeneinander steht, sollte hierauf verzichtet werden. Katzen trinken instinktiv nicht gern da, wo sie auch fressen. In der freien Natur, wenn die Wildkatze ihre Beute erlegt und verputzt hat, könnte das daneben stehende Wasser durch Blut oder andere Beuteüberreste verunreinigt sein. Genau das hält auch die Hauskatze gegebenenfalls davon ab, ausreichend Wasser zu sich zu nehmen. Um Ihrem Liebling etwas Gutes zu tun, stellen Sie Wasser- und Futternapf also ein gutes Stück auseinander. Wählen Sie am besten einen Wassernapf aus Glas oder Keramik statt aus Plastik. Dieses beeinträchtigt den Geschmack des Wassers, worauf einige Katzen empfindlich reagieren.

Für sowohl Wasser- als auch Futternapf gilt außerdem: Sauber halten! Geben Sie Nassfutter, sollte der Futternapf nach jeder Mahlzeit ausgespült werden. Bei Trockenfutter reicht auch jeder zweite Tag. Alle vierzehn Tage sollten alle Näpfe einmal gründlich gereinigt und desinfiziert werden.

WIE WÄHLE ICH DAS RICHTIGE FUTTER?

Das derzeitige Futterangebot lässt schnell verzweifeln; unzählige Marken, unterschiedliche Sorten, zahlreiche Geschmacksrichtungen. Die erste Hürde liegt bereits darin, sich für einen Futtertyp zu entscheiden; Trockenfutter, Nassfutter oder Barf? Um eine für sich und den vierbeinigen Liebling passende Entscheidung treffen und unsere Katzen artgerecht ernähren zu können, ist es wichtig zu verstehen, wie sie sich in der freien Wildbahn ernährt haben und welche Bedürfnisse sich hieraus ergeben.

Grundsätzliches, worauf bei der Wahl des Futters geachtet werden sollte:

Hauskatzen stammen von Wüstenbewohnern ab. Evolutionär bedingt kommen sie generell mit wenig Wasser aus und beziehen dieses hauptsächlich durch die ihre Nahrung. Das Durstgefühl einer Katze ist dementsprechend sehr schwach ausgeprägt. Eine ausgewachsene Britisch Kurzhaar Katze braucht ungefähr 60 ml Flüssigkeit pro Kilogramm Körpergewicht am Tag. Eine sechs Kilogramm schwere BKH benötigt somit insgesamt 360 ml Flüssigkeit täglich.

WAS HAT DAS FÜR AUSWIRKUNGEN AUF DIE WAHL DES FUTTERS?

Obwohl immer noch in jedem Fachhandel erhältlich, wird von Trockenfutter mittlerweile deutlich abgeraten. Bei Trockenfutter, welches im Durchschnitt nur 9 % Flüssigkeit enthält, passiert es schnell, dass die Katze nicht genügend Flüssigkeit zu sich nimmt. Über das Trockenfutter allein ist der Flüssigkeitsbedarf nicht abgedeckt. Handelt es sich um eine etwas trinkfaule Katze, so kann es auf Dauer zu gesundheitlichen Problemen kommen. Dehydrierung, Harnsteine, Niereninsuffizienz und Stoffwechselprobleme können die Folge sein.

Um eine ausreichende Flüssigkeitszufuhr zu sichern, wird deswegen die Fütterung von fertigem Nassfutter oder Barf empfohlen. Wollen oder können Sie nicht auf Trockenfutter verzichten, besteht die Möglichkeit, dem Trockenfutter etwas Nassfutter hinzuzufügen oder es vor dem Füttern in Wasser einzuweichen. Egal, ob Nassfutter, Trockenfutter oder Barf: Es muss Ihrer Katze immer auch Zugang zu frischem Trinkwasser ermöglicht werden. Achten Sie besonders an heißen Tagen auf eine ausreichende Frischwasseraufnahme.

Katzen sind karnivor. Das bedeutet, dass ihr Stoffwechsel auf die Verwertung von Fleisch ausgerichtet ist. Energie beziehen Sie hauptsächlich aus tierischen Eiweißen und Fetten. Kohlenhydrate sind für die Samtpfoten hingegen schwer verdaulich und kaum verwertbar. Ein gutes Futter sollte demnach hauptsächlich aus Muskelfleisch, Innereien und Flüssigkeit bestehen. Das bedeutet für die Praxis: Haben Sie sich für die Gabe von fertigem Futter entschieden, bevorzugen Sie für Ihre Britisch Kurzhaar Katze welches mit einem Fleischgehalt ab 70 %. Geeignet ist Fleisch von Rind, Kalb, Huhn, Lamm, Pute, Ente und Fisch (Lachs, Makrele, Thunfisch, Forelle, Weißfisch, Hering). Ist Ihre BKH ein Kandidat für Übergewicht, bevorzugen Sie proteinreiches, fettarmes Fleisch wie Hähnchen. Kohlenhydrate sollten in dem Futter nicht mehr als 5 % enthalten sein.

Durch das riesige Angebot im Fachhandel kann man sich schnell verloren fühlen, die Werbung trägt ebenfalls ihren Teil dazu bei, dass viele Katzenbesitzer unsicher sind, welches Futter denn nun das richtige für Ihren Liebling ist.

Achten Sie vor dem Kauf immer auf die Zutaten- und Zusammensetzungsliste. Die Zusammensetzungsliste ist in absteigender Reihenfolge, nach der Menge der Zutat, geordnet. Steht hier nicht Fisch oder Fleisch an erster Stelle, findet dieses Futter am besten schnell wieder seinen Weg zurück ins Regal. Nicht auf der Liste zu finden sein sollten außerdem Zucker, Salz, chemische Konservierungs- und Lockstoffe. Auf der Rückseite der Futterverpackung finden Sie eine Zusammenfassung der Inhaltsstoffe. Angegeben wird hier der prozentuale Anteil von Rohprotein, Rohfett, Rohfasern, Rohasche und im besten Fall ebenfalls von Taurinmenge und dem Calcium-Phosphat-Verhältnis.

Rohprotein gibt den Proteingehalt aus Muskelfleisch und Milchprodukten ohne Flüssigkeit an. Rohfett beschreibt den Fettanteil im Futter. Tierische Fette sind hier zu bevorzugen. Das Verhältnis zwischen Rohprotein und Rohfett sollte bei 2:1 liegen. Bei Rohfasern handelt es sich um die Menge der unverdaulichen, pflanzlichen Stoffe.

Obwohl die Rohfasern unverdaulich sind, tragen sie doch einen wichtigen Teil zur Verdauung der Katze bei. Durch die Aufnahme wird die Darmtätigkeit angeregt und die Darmflora unterstützt. Vor allem, wenn Ihre BKH an Übergewicht leidet, sollten Sie ein besonderes Augenmerk auf eine relativ hohe Menge Rohfaser legen. Hierdurch kann einfacher Kot mit einer guten Konsistenz abgesetzt werden. Um Blähungen zu vermeiden, sollte ein Anteil von 4 % trotzdem nicht überschritten werden.

Rohasche beschreibt anorganische unverdauliche Stoffe, welche beim „Veraschen" des Futters übrig bleiben. Veraschen bezeichnet die Verbrennung des Futters bei 550 Grad Celsius. Bei den Stoffen handelt es sich um wichtige Mineralstoffe und Spurenelemente, wie Calcium, Natrium, Phosphor, Eisen etc. Prozentual sollte die Rohasche einen Wert von 2 % nicht überschreiten. Wird neben dem oben genannten auch die Taurinmenge angezeichnet, so sollte diese idealerweise bei 2 g pro Kilogramm Futter liegen. Ein Calcium-Phosphat-Verhältnis von 1,2:2 sorgt für starke Knochen und Zähne.

Sich durch den Dschungel dieser Zutaten- und Zusammensetzungslisten zu kämpfen, kann anstrengend und zeitraubend sein. Besonders ärgerlich ist es, wenn Sie das vermeintlich perfekte Futter für Ihren Vierbeiner gefunden haben, dieses aber gar nicht oder nicht gut angenommen wird. Kitten erlernen von ihren Müttern, was gefressen werden darf und was nicht. Haben Sie von klein auf eine bestimmte Art, Sorte oder Marke vorgesetzt bekommen, kann es manchmal schwierig sein, sie von etwas anderem zu überzeugen.

Ist Ihre Samtpfote grade erst bei Ihnen eingezogen, verträgt sie das bisher Gefütterte nicht (mehr) oder möchten Sie aus einem anderen Grund das Futter wechseln und ahnen schon, dass das nicht so leicht werden könnte, hier einige Tipps:

Versuchen Sie Ihr Glück trotz böser Vorahnung. Vielleicht schmeckt das neue Futter Ihrem Liebling doch nicht so schlecht. Vor allem bei der Britisch Kurzhaar Katze haben Sie hier gute Chancen auf eine problemlose Annahme.

Ist dies nicht der Fall, so versuchen Sie, altes und neues Katzenfutter zu vermischen. Beginnen Sie damit, eine kleine Menge durch das Neue zu ersetzen. Steigern Sie den Anteil des neuen Futters kontinuierlich, während das andere entsprechend reduziert wird. Wenn auch das nicht hilft, besteht noch die Möglichkeit, ein paar der Lieblingsleckerlis hinzuzugeben. Wird trotz alledem das neue Futter nicht gefressen, müssen Sie sich leider erneut auf die Suche begeben. Denn egal, wie gut die Zusammensetzung und Inhaltsstoffe für uns Menschen klingen mögen, entscheidend ist immer noch, ob es dem Vierbeiner schmeckt.

Und Achtung! Kommen Sie nicht auf die Idee, Ihre Katze hungern zu lassen, um sie doch noch zum Fressen zu bewegen. Eine kontinuierliche Eiweißaufnahme ist für einen gut funktionierenden Stoffwechsel unerlässlich. Hungern kann besonders für junge und sehr übergewichtige Katzen gefährlich sein. Schon ein einziger Tag ohne Nahrungsaufnahme kann zu einer Leberverfettung führen und so lebensbedrohlich werden.

Die gleiche Vorgehensweise eignet sich auch für die Umstellung auf Barf. Barf ist eine Abkürzung für biologisch artgerechte Rohfütterung und bedeutet so viel wie: Zubereitung von rohem Katzenfutter unter Zugabe von Mineralien, Spurenelementen und Vitaminen. Barfen, welches auch in der Hundehaltung sehr beliebt ist, bringt einige Vorteile mit sich. Sie wissen genau, was drin steckt; Sie können zu 100 % bestimmen, was Ihre Katze frisst, und es sind keine chemischen Zusätze nötig.

Bei Barf handelt es sich außerdem um die natürlichste Form von Katzenfütterung, wenn Sie Ihre Katze nicht selbst jagen lassen. Durch die intensive Kauarbeit beugt diese Art der Fütterung Zahnstein vor und sorgt für gesünderes Zahnfleisch und weniger Mundgeruch. Besonders, wenn der Vierbeiner an Allergien oder Unverträglichkeiten leidet, muss keine Zeit mehr für die

Suche nach dem geeigneten Fertigfutter aufgewandt werden. Es kann sehr viel einfacher und spontaner auf die individuellen Bedürfnisse des Stubentigers eingegangen werden.

Durch die Barffütterung kommt es außerdem zu einer veränderten Verdauung. Durch die gute Verwertung sinkt die Kotmenge, folglich der Katzenstreuverbrauch und die damit zusammenhängenden Kosten. Ein schöner Nebeneffekt ist, dass der Kot kaum noch riecht. Auch die Umwelt wird Ihnen danken. Durch die Fütterung von Frischfleisch fällt deutlich weniger Müll an, welcher sonst durch die zahlreichen kleinen Dosen und Tütchen entsteht. Die immer beliebter werdende Ernährungsform bringt allerdings nicht nur Vorteile mit sich.

Bevor mit Barfen begonnen wird, ist es wichtig, sich eingehend über die Bedürfnisse Ihrer Katze zu informieren. Vor allem Vitamine, Mineralien und Spurenelemente dürfen in der Ernährung nicht zu kurz kommen. Abgestimmt auf Alter, Aktivität, Größe und Gewicht Ihres Lieblings, müssen alle Komponenten berechnet werden. Schnell kann eine falsche Zusammensetzung sonst zu Mangelerscheinungen und gesundheitlichen Problemen führen. Für die Einarbeitung in das Thema sollte sich also ein wenig Zeit genommen werden. Am besten ziehen Sie sich dafür auch den Tierarzt Ihres Vertrauens hinzu.

Etwas mehr Zeit braucht man auch für die Zubereitung. Statt eine Dose zu öffnen, muss nun Rohfleisch geschnitten, portioniert und mit Zusätzen versehen werden. Auch Geld mag eine Rolle spielen. Neben Frischfleisch müssen regelmäßig auch etwas Gemüse und vor allem die Barf-Zusätze wie Mineralien und Vitamine gekauft werden. Im Endeffekt kostet Barfen ein wenig mehr als die Fütterung von Fertigfutter. Sparen kann hier, wer eine große Kühltruhe besitzt. Kaufen Sie im Angebot beim Metzger oder Schlachthof in größeren Mengen und frieren Sie portionsweise ein.

Legen Sie großen Wert auf Flexibilität, könnte dies ebenfalls gegen Barf sprechen. Vor allem im Urlaub kann es schwierig werden. Nicht überall kann Barf gekauft und dann auch noch gelagert werden. Den größten Nachteil stellen aber wohl die möglicherweise im frischen Fleisch lauernden Krankheitserreger dar. Aus diesem Grund muss beim Barfen ein besonderes Augenmerk auf eine hygienische und ordentliche Lagerung und Verarbeitung gelegt werden. Vor allen Dingen sind auf eine durchgehende und ausreichend kühle Lagerung sowie eine gründliche Reinigung der Näpfe nach dem Fressen zu achten. Niemals sollte rohes

Schweinefleisch gefüttert werden. Dieses kann gefährliche Erreger der Aujeszky-Krankheit enthalten, welche bei Katzen immer tödlich verläuft.

Ob Barfen ja oder nein, muss jeder für sich und seinen Vierbeiner selbst entscheiden. Ob es mehr Vor- oder Nachteile als die Fütterung von fertig zu kaufendem Futter bietet, muss individuell für Mensch und Tier entschieden werden.

Haben Sie das richtige Futter gefunden, so gilt trotzdem: Katzen lieben Abwechslung. Auch in der freien Wildbahn stehen den kleinen Raubkatzen nicht immer die gleichen Nahrungsmittel zur Verfügung. Es ist also nur artgerecht, den Speiseplan abwechslungsreich zu gestalten. Erstellen Sie sich am besten eine Auswahl aus ein paar unterschiedlichen Sorten oder Marken. So müssen Sie nicht immer wieder aufs Neue überlegen, was Ihrer Katze gefallen könnte.

UND WIE VIEL?

Nun stellt sich noch die Frage nach der Menge. Besonders bei der Britisch Kurzhaar Katze, handelt es sich hierbei um eine wichtige Frage. Grundsätzlich muss die Futtermenge immer individuell an das Alter, die Aktivität, die Größe und das Gewicht der einzelnen

Katze angepasst werden. Auch die Qualität, vor allem der Fleischgehalt des Futters, spielt eine Rolle. Trotzdem kann es helfen, ein paar Anhaltspunkte zu haben. Als grober Richtwert werden für eine ausgewachsene mittelgroße Katze 300 Gramm Nassfutter pro Tag angegeben. Bei Trockenfutter sieht das Ganze anders aus.

Der hohe Kaloriengehalt von Trockenfutter sorgt dafür, dass der Richtwert hier bei nur ungefähr 60 Gramm pro Tag liegt. Einen groben Richtwert liefern auch Herstellerangaben auf der Verpackung des jeweiligen Futters. Noch einmal anders verhält es sich beim Barfen. Hier gilt die Faustformel, dass die Menge ungefähr 2–3 % ihres Körpergewichts pro Tag ausmachen sollte. Bei einer fünf Kilogramm schweren Katze wären es somit ungefähr 100–150 Gramm Fleisch inklusive Zusätzen.

Ist Ihre Katze normalgewichtig, empfiehlt es sich zunächst, nach den Richtwerten zu füttern und dann, falls nötig, je nach Bedarf, die Menge zu reduzieren oder aufzustocken. Stellen Sie jedoch nicht das ganze Fressen auf einmal zur Verfügung. Eine Wildkatze fängt in freier Natur durchschnittlich 15 Mäuse und frisst diese über den Tag verteilt. Auch für Hauskatzen hat sich das Prinzip von mehreren kleinen Portionen bewährt. Natürlich müssen Sie Ihrem Stubentiger nicht

15-mal jeden Tag Futter zubereiten. Dreimal reicht aus, sollte es aber mindestens auch sein. Beachten Sie hier bei Nassfutter und rohem Fleisch wieder die richtige Lagerung. Vor allem im Sommer kann dieses schnell schlecht werden. Entsorgen Sie das alte Futter und stellen Sie immer wieder frisches zur Verfügung.

Sind Sie Besitzer eines Britisch Kurzhaar Kittens, eines Seniors oder ist Ihr Liebling krank, muss die Ernährung jeweils angepasst werden. Für Kitten und Senioren gibt es Spezialfutter, welches auf die besonderen Bedürfnisse des Lebensabschnittes abgestellt ist. Kittenfutter sollte bis zum 12. Lebensmonat gefüttert werden. Danach stellen Sie langsam auf Erwachsenenfutter um. Ältere Katzen haben meist einen verlangsamten Stoffwechsel und sind zudem etwas träge. Sie brauchen meistens nicht mehr so viel Energie. Statt einfach weniger zu füttern, löst man dies durch ein spezielles Futter, was gleichzeitig die besonderen möglichen Mangelerscheinungen einer älteren Katze ausgleichen kann.

Je nach Allergie, Unverträglichkeit oder anderen Krankheiten kann es sein, dass auch für Ihren Liebling eine spezielle Ernährung vonnöten ist. Hierzu lassen Sie sich am besten von einem Tierarzt beraten.

GEFÄHRLICHE, VERBOTENE LEBENSMITTEL:

Egal, wie alt Ihre Katze ist, was ihr gefüttert wird und wie oft, sollte sie niemals gekochte Knochen fressen. Die vor der Verarbeitung noch biegsamen Knochen werden durch Kochen, Braten und Backen hart und brüchig. Im schlimmsten Fall kann ein solcher Knochen während des Fressens oder Schluckens splittern und Ihrem Liebling erhebliche Verletzungen zufügen.

Füttern Sie keine Weintrauben oder Rosinen, keine Schokolade und keine Avocados. Der Genuss dieser Lebensmittel kann tödlich enden. Halten Sie Ihren Vierbeiner außerdem von Haushaltsreiniger, Lilien, ätherischen Ölen und Medikamenten für Menschen wie Aspirin fern.

Geben Sie Ihrer ausgewachsenen BKH auch keine Kuhmilch. Diese ist zwar nicht giftig, führt aber in den meisten Fällen zu Verdauungsproblemen und Durchfall. Die Menge des Enzyms, welches bei Kitten noch für eine reibungslose Verdauung der Muttermilch sorgt, nimmt mit zunehmendem Alter ab. Die Folge: Ausgewachsene Katzen sind nicht in der Lage, die Lactose in der Milch abzubauen und leiden nach dem Genuss an Verdauungsprobleme, Blähungen und

Durchfall. Auch das Verdünnen der Milch mit Wasser führt zu keinem anderen Ergebnis. Wollen Sie Ihren Liebling dennoch ab und an mit Milch verwöhnen, greifen Sie auf spezielle, laktosereduzierte Katzenmilch zurück.

PROBLEME IM ZUSAMMENHANG MIT FÜTTERUNG UND ERNÄHRUNG

Im Zusammenhang mit der Fütterung kann es zu einigen Problemen kommen. Eine kurze Zusammenfassung mit Tipps und Anregungen hilft Ihnen, eine Lösung zu finden.

1.   Meine Katze frisst ihr Futter nicht (mehr)

Verweigert eine Katze das Fressen, kann dies viele Ursachen haben. Überlegen Sie zunächst, ob sich in der letzten Zeit für Ihre BKH etwas geändert hat. Sind Sie umgezogen, ist ein neues Familienmitglied hinzugekommen oder fehlt eins? Schon die kleinste Veränderung kann für unseren sensiblen vierbeinigen Freund großen Stress bedeuten. Vor allem die anhänglichen und menschenbezogenen Britisch Kurzhaar Katzen reagieren teils heftig auf kleine Veränderungen in der Familiendynamik. Vielleicht schmeckt ihr aber auch das neue Futter nicht? Können Sie so keine Ursache finden, versuchen Sie einmal, Ihren Liebling aus der Hand zu füttern. Wird das Futter hier gut angenommen, ist es wahrscheinlich, dass etwas mit dem Futternapf nicht stimmt. Die im Handel zum Kauf angebotenen Näpfe sind meistens viel zu tief für die eher platte Schnauze der Britisch Kurzhaar Katze. Um an das Futter zu gelangen, muss sie ihre Nase weit hineinstecken und stößt damit mit ihren empfindlichen Schnurrhaaren an den Rand des Napfes. Da hilft nur der Kauf eines anderen, flacheren Napfes. Alternativ kann das Futter auch auf einem tiefen Teller serviert werden. Wird auch aus der Hand oder von einem flachen Teller das Katzenfutter ohne anderen ersichtlichen Grund verschmäht, sollte ein Tierarzt aufgesucht werden, um ernsthafte Erkrankungen ausschließen zu können.

2.   Meine Katze ist zu dick

Britisch Kurzhaar Katzen gehören generell eher zu den massigen und breiten Katzen. Ihr Körper sieht oft pummelig aus, ist aber muskulös. Hinzu kommt der stabile und schwere Knochenbau. Haben Sie dennoch den Verdacht, dass Ihr Liebling ein paar Gramm zu viel auf den Rippen hat? Dann schauen Sie sich die Figur Ihrer BKH mal genauer an. Betrachten Sie sie erst mal von oben, dann von der Seite. Können Sie eine Taille erkennen, ist das ein gutes Zeichen. Versuchen Sie nun, die Rippen zu ertasten. Dies sollte ohne großen Druck möglich sein. Eine kleine Fettschicht über den Rippen ist allerdings normal und gesund.

Können Sie die Rippen durch Ertasten mühelos zählen? Glückwunsch, Ihr Vierbeiner hat Idealgewicht. Müssen Sie sich ein wenig anstrengen und drücken, um die Rippen zählen zu können? Da haben Sie es wohl ein bisschen zu gut gemeint mit dem Futter. Können Sie die Rippen überhaupt nicht ertasten, bedeutet das ernsthafte Fettleibigkeit Ihres Lieblings. In diesem Fall sollte dringend etwas unternommen werden, um das Risiko für bleibende Gesundheitsschäden zu minimieren. Für die Einschätzung des Zustands der Katze wurde der Body Condition Score entwickelt, welcher in fünf Kategorien unterteilt wird.

Ab Kategorie 4 wird von Übergewicht gesprochen. Das Risiko für Diabetes, das Fettleber-Syndrom sowie Herzerkrankungen ist erhöht. Kategorie 5 beschreibt eine Katze mit 30 % Übergewicht. Dieses massive Übergewicht gilt schon für sich als eigenständige Krankheit. Haben Sie bei Ihrem Vierbeiner Übergewicht festgestellt, ist es Zeit zu handeln. Überlegen Sie sich zunächst: Wo lag bisher der Fehler? Wo oder wie haben Sie zu viel gefüttert?

Jetzt geht es ans Abspecken. Setzten Sie nicht eigenmächtig eine Nulldiät an. Bevor Sie Ihren Stubentiger auf Diät setzen, sollte er noch einmal beim Tierarzt durchgecheckt werden, um mögliche Unverträglichkeiten und Grunderkrankungen ausschließen zu können. Erstellen Sie dann gemeinsam einen Diätplan für Ihren Liebling. Auch bezüglich des richtigen Diätfutters werden Sie hier beraten. Zusätzlich sollten Sie sich Gedanken darüber machen, wie Sie mehr Bewegung in den Alltag Ihrer Katze bringen können. Hier reicht schon eine tägliche Spielrunde, um den Fettpölsterchen langsam zu Leibe zu rücken. Und jetzt heißt es: Geduld! Für die Gesundheit ist absolut nichts getan, wenn die Katze auf Nulldiät gesetzt wird. Auch, wenn das Abnehmen dann schneller geht, sind Schäden für die Gesundheit vorprogrammiert. Stattdessen sollte das Gewicht langsam, aber stetig purzeln.

3.   Ich sehe meine Katze nicht trinken; nimmt sie genug Flüssigkeit zu sich? Wie oben erwähnt ist es nicht unüblich, dass man Katzen selten beim Trinken erwischt, schließlich nehmen sie den Großteil der benötigten Flüssigkeit durch die Nahrung auf.

Es gibt jedoch einen einfachen Test, um zu überprüfen, ob Ihre Katze ausreichend Flüssigkeit zu sich nimmt. Nehmen Sie hierzu eine Hautfalte im Nacken Ihres Vierbeiners zwischen zwei Finger und ziehen Sie vorsichtig nach oben. Lassen Sie sie dann schnell wieder los. Zieht sich die Falte augenblicklich wieder zurück, können Sie davon ausgehen, dass Ihre BKH ausreichend Flüssigkeit aufnimmt. Bleibt die Falte einen Augenblick in der hochgezogenen Position, könnte dies für Dehydration sprechen. Da dieser Test nur eine Orientierung bietet, sollten Sie Ihre Katze in diesem Fall einem Tierarzt vorstellen.

4.	Meine Katze trinkt nicht genug

Überlegen Sie zuerst, wo das Problem liegen könnte. Hat Ihre Katze immer genug frisches Wasser zur Verfügung? Steht die Wasserschale womöglich zu nah am Futternapf oder an dem Katzenklo? Ist der Trinknapf sauber genug? Sind diese möglichen Störfaktoren ausgeschlossen und das Trinkverhalten Ihrer Britisch Kurzhaar Katze hat sich nicht verbessert, können Sie als Besitzer einer trinkfaulen Katze diese Tricks nutzen:

Reichern Sie das Futter mit Flüssigkeit an. Füttern Sie Trockenfutter, ist es möglicherweise an der Zeit, auf Nassfutter umzusteigen. Ist dies nicht möglich, sollten Sie das Trockenfutter vor dem Füttern in Wasser einweichen, sodass schon während des Fressens mehr Flüssigkeit aufgenommen wird. Füttern Sie Nassfutter oder Barf, so ist es auch hier in bestimmten Maßen möglich, noch Wasser zum Futter hinzuzufügen. Beim Barfen kann das rohe Fleisch püriert und Wasser hinzugefügt werden. In das Nassfutter kann ganz einfach noch ein wenig Flüssigkeit eingerührt werden. Machen Sie dies bereits oder reicht das allein nicht aus, so versuchen Sie, die Trinkmöglichkeiten zu vervielfachen. Katzen trinken gern im Vorbeigehen in kleinen Mengen. Bieten Sie mehrere Trinkmöglichkeiten im Haus verteilt an. So steigt die Chance, dass im Vorbeigehen schnell ein Schluck getrunken wird.

Viele Katzen meiden stehendes Wasser. Versuchen Sie, Ihrem Stubentiger das Wasser aus dem Hahn schmackhaft zu machen. Vielleicht können Sie Ihre Katze für einen Trinkbrunnen begeistern. Ein weiterer Trick besteht darin, das Wasser ein wenig aufzupeppen. Fügen Sie dem normalen Trinkwasser ab und an eine Prise Fischbrühe hinzu, um Abwechslung zu bieten. Falls Ihr Liebling überhaupt nicht trinkt oder offensichtlich dehydriert ist, suchen Sie so bald wie möglich einen

Tierarzt auf, um gesundheitliche Probleme ausschlie
ßen und vorbeugen zu können.

Krankheiten

Die Britisch Kurzhaar Katze zählt grundsätzlich zu den eher robusten Katzenrassen. Das Auftreten zwei schwerer Krankheiten kann bei der BKH jedoch vermehrt beobachtet werden. Bei einer der Krankheiten, der hypertrophen Kardiomyopathie (HCM) handelt es sich um eine genetisch bedingte, krankhafte Verdickung des Herzmuskels. Diese Verdickung führt zu Sauerstoffunterversorgung und Minderdurchblutung des Herzens. Um bleibende Schäden oder sogar Tod zu vermeiden, sollte bei folgenden Symptomen ein Tierarzt aufgesucht werden:

• Appetitverlust

- Bewegungsunlust
- Maulatmung oder Hecheln
- Erhöhte Atemfrequenz
- Lähmungen der Extremitäten
- Atemnot

Nach der Diagnose wird der Tierarzt einen speziell auf den Schweregrad der Erkrankung abgestimmten Behandlungsplan für Ihren Vierbeiner erstellen.

Die andere Krankheit, polyzystische Nierenerkrankung (PKD), ist ebenfalls genetisch bedingt. Bei der PKD bilden sich Zysten in der Niere, welche stetig wachsen und mit der Zeit die Niere beschädigen. Im schlimmsten Fall kommt es dadurch zu Nierenversagen. Ist ein Fall dieser Krankheit in der Familie der Katze bekannt, sollten Sie sich überlegen, auch Ihre Katze auf PKD untersuchen zu lassen. Da die Zysten schon von Geburt an in der Niere existieren, ist eine genaue Diagnose durch Ultraschall bereits ab einem Lebensalter von 10 Monaten möglich. Zusätzlich sollten auf folgende Symptome geachtet werden:

- Appetitverlust
- Vermehrtes Trinken
- Vermehrte Urinabgabe
- Gewichtsverlust

- Erbrechen
- Vergrößerter Bauchumfang

Auch in diesem Fall sollte ein Tierarzt aufgesucht werden, um eine ernsthafte Erkrankung mit PKD ausschließen zu können.

Um das Risiko einer der genannten Krankheiten zu minimieren, informieren Sie sich vor Adoption Ihrer Britisch Kurzhaar Katze über mögliche Erkrankungen der Elterntiere. Ist bei diesen eine Erkrankung nicht bekannt oder sogar von einem Tierarzt ausgeschlossen worden, ist die Wahrscheinlichkeit, dass der Nachwuchs an dieser erkrankt, sehr gering.

Schlusswort

Das Zusammenleben mit einer Britisch Kurzhaar Katze kann manchmal nervenaufreibend und anstrengend sein. Unarten wie Möbelkratzen oder Essen-Klauen können dem Katzenbesitzer manchmal den letzten Nerv rauben. Trotzdem ist es immer wieder schön, mit dem geliebten Vierbeiner zu spielen, zu kuscheln und neue Abenteuer zu erleben. Eines ist sicher: Ist erst mal eine Britisch Kurzhaar Katze im Haus, kommt so schnell keine Langeweile auf.

Ein letzter Tipp zum Schluss:

Das Wichtigste: Haben Sie Spaß und genießen Sie die gemeinsame Zeit!

Herstellung und Verlag:
BoD – Books on Demand, Norderstedt
ISBN: 9783755778219

1. Auflage
Kontakt: Psiana eCom UG/ Berumer Str. 44/ 26844 Jemgum
Covergestaltung: Fenna Larsson
Coverfoto: depositphotos.com